a skoro - школа	2
a koiri - подорож	5
a transport - транспорт	8
a foto - місто	10
a landschap - ландшафт	14
a restaurant - ресторан	17
a wenkri - супермаркет	20
a dringi - напої	22
a nyan - їжа	23
a burugron - ферма	27
a oso - дім	31
a foroisi - вітальня	33
a botrali - кухня	35
a was oso - ванна кімната	38
a pikin kamra - дитяча кімната	42
a krosi - одяг	44
a kantoro - офіс	49
a ekonomia - економіка	51
den kari - професії	53
a wrokosani - інструменти	56
den poku sani - музичні інструменти	57
a meti dyari - зоопарк	59
a sport - спорт	62
den aktifiteit - дії	63
a famiri - сім'я	67
a skin - тіло	68
a ati oso - лікарня	72
a nowtu - аварійний випадок	76
a grontapu - Земля	77
oloisi - годинник	79
a wiki - тиждень	80
a yari - рік	81
den form - форми	83
kloru - фарби	84
difrenti - протилежності	85
den nomru - числа	88
den tongo - мови	90
suma / sang / fa - хто / що / як	91
pe - де	92

Impressum
Verlag: BABADADA GmbH, Nedderfeld 112 , 22529 Hamburg
Geschäftsführer / Verlagsleitung: Harald Hof
Druck: Books on Demand GmbH, In de Tarpen 42, 22848 Norderstedt

Imprint
Publisher: BABADADA GmbH, Nedderfeld 112 , 22529 Hamburg, Germany
Managing Director / Publishing direction: Harald Hof
Print: Books on Demand GmbH, In de Tarpen 42, 22848 Norderstedt

a skoro
школа

- prati — ділити
- a bord — дошка
- a klas — класна кімната
- a skoro dyari — шкільний двір
- a leriman — вчитель
- a papira — папір
- skrifi — писати
- a pen — ручка
- a tafra — письмовий стіл
- a lati — лінійка
- a buku — книга
- a studenti — учень

a skorotas
ранець

a kisi
пенал

a skriftiki
олівець

a srapu
точило

a sisibi
гумка

a prenki buku
альбом для малювання

a prenki
малюнок

a kwasi
пензель

a ferfidosu
коробка фарб

a sisei
ножиці

a gomma
клей

a skrifbuku
зошит

a skorowroko
домашнє завдання

a nomru
число

2+2

teri
додавати

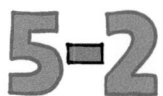

koti
віднімати

vermenigvuldig
множити

teri
рахувати

a brifi
літера

a alfabet
абетка

a wortu
слово

a skoro - школа

a wortu — текст

lesi — читати

a kreiti — крейда

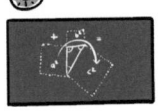 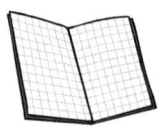 

a yuru — година

a klasbuku — класний журнал

a examen — екзамен

a skoropapira — диплом

a sem skoro krosi — шкільна форма

a skoro — освіта

a encyklopedie — лексикон

a unifersiteit — університет

a mikroskoop — мікроскоп

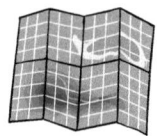 

a karta — карта

a doti embre — кошик для паперу

a skoro - школа

a koiri

подорож

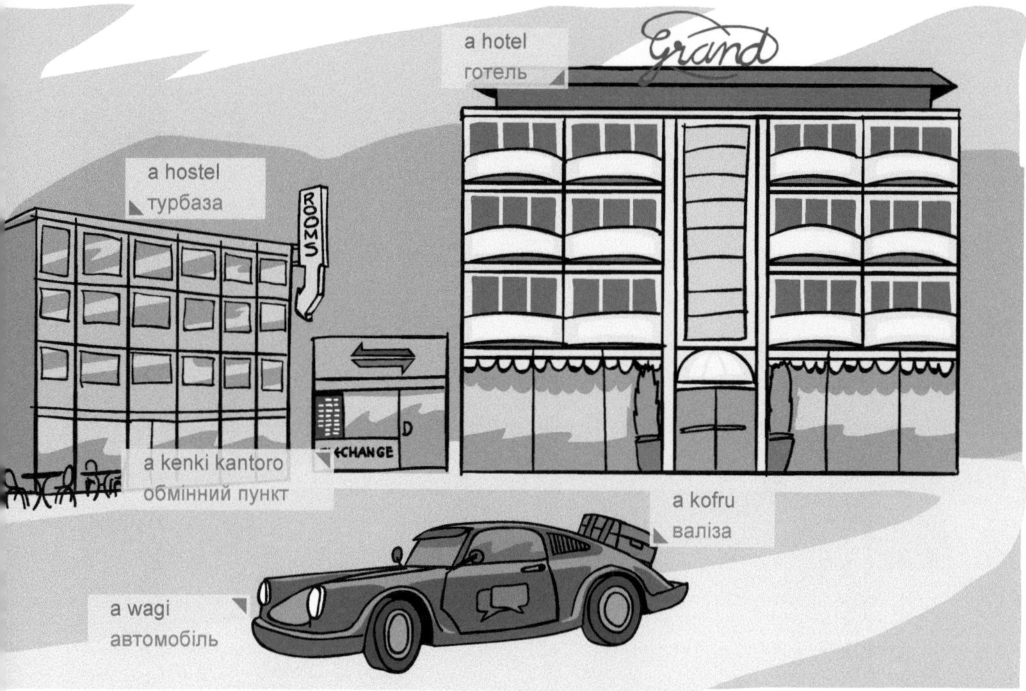

a hotel
готель
Grand
a hostel
турбаза
ROOMS
a kenki kantoro
обмінний пункт
a kofru
валіза
a wagi
автомобіль

a tongo

мова

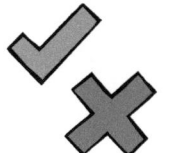

ai / no

так / ні

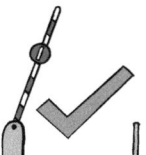

afen

добре

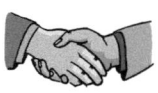

Ei!

привіт

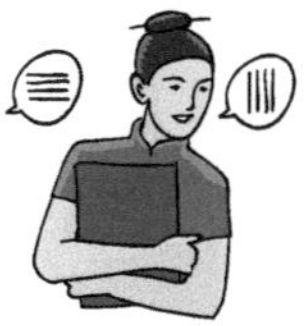

a torku

перекладач

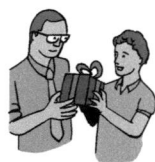

Grantangi

дякую

O meni...?
Скільки коштує ...?

Mi ne ferstan
Я не розумію

a problema
проблема

Kuneti!
Добрий вечір!

Morgu!
Доброго ранку!

Kuneti!
На добраніч!

Adyosi!
До побачення

a beni
напрямок

a bagasi
багаж

a tas
сумка

a tas
рюкзак

a fisiti
гість

a kamra
кімната

a sribi saka
спальний мішок

a tenti
намет

a koiri - подорож

a reiskantoro

туристична інформація

a sekanti

пляж

a kreditkarta

кредитна картка

a mamanten nyanyan

сніданок

nyanyan

обід

a nyanyan

вечеря

a karta

квиток

a lift

ліфт

a stampu

поштова марка

a lanki

межа

a douane

митниця

a ambassade

посольство

a fisa

віза

a pasportu

паспорт

a koiri - подорож

a transport
транспорт

a isrifowru
літак

a boto
корабель

a brandweerwagi
пожежна машина

a bus
автобус

a wagi
вантажний автомобіль

a motro boto
моторний човен

a baisigri
велосипед

a wagi
автомобіль

a pondo

пором

a boto

човен

a motro

мотоцикл

a skowtu wagi

поліцейська машина

a streilon wagi

гоночний автомобіль

a yuru wagi

автомобіль на прокат

a wagi prati	a takelwagi	a doti wagi
пільне користування авто	евакуатор	сміттєвоз

a motro	a oli	a oli pompu
двигун	паливо	автозаправна станція

 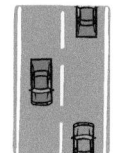 

a ferkeermarki	a ferkeer	a reylo
дорожній знак	рух	затор

  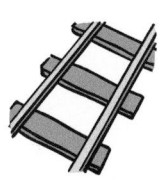

a parkeerpresi	a lokopresi	den rail
стоянка	вокзал	рейки

 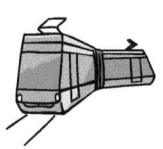 

a loko	a loko	a wagi
потяг	трамвай	вагон

a transport - транспорт

a helikopter	a opolangi	a fortresi
гелікоптер	аеропорт	вежа

a pasasir	a kontainer	a doso
пасажир	контейнер	коробка

a wagi	a baskita	opo go / saka
візок	кошик	стартувати / приземлятися

a foto
місто

a dorpu	a fotosei	a oso
село	центр міста	дім

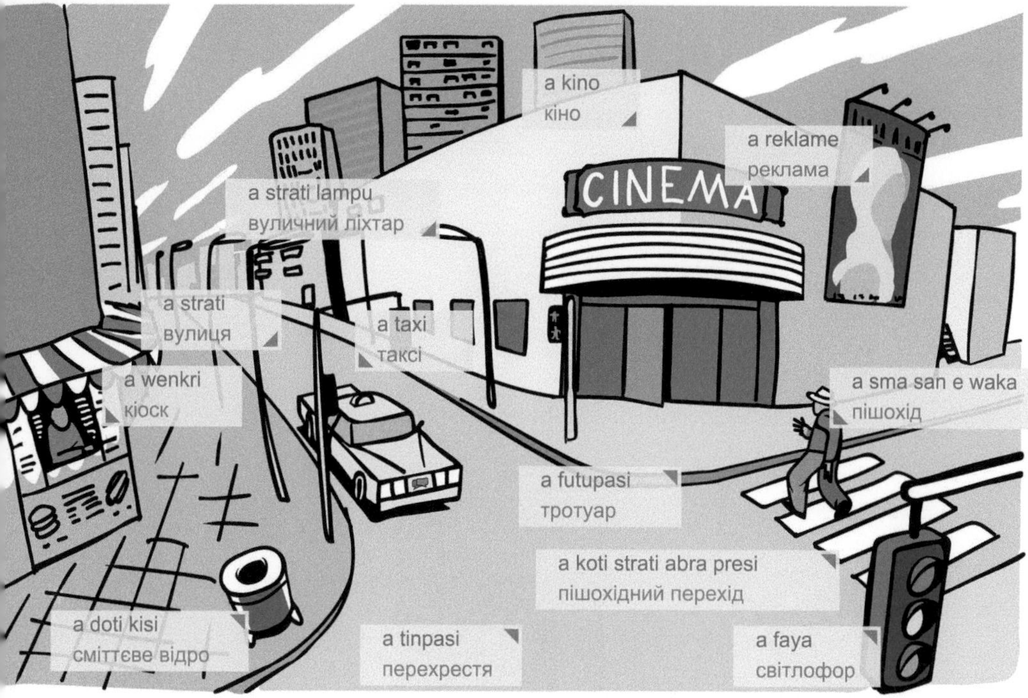

a kino
кіно

a reklame
реклама

a strati lampu
вуличний ліхтар

a strati
вулиця

a taxi
таксі

a wenkri
кіоск

a sma san e waka
пішохід

a futupasi
тротуар

a koti strati abra presi
пішохідний перехід

a doti kisi
сміттєве відро

a tinpasi
перехрестя

a faya
світлофор

a kampu
хатина

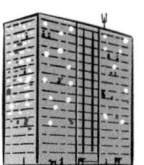

a oso
квартира

a lokopresi
вокзал

a foto oso
ратуша

a museum
музей

a skoro
школа

a foto - місто

a unifersiteit
університет

a bangi
банк

a ati oso
лікарня

a hotel
готель

a apteiki
аптека

a kantoro
офіс

a buku winkri
книжковий магазин

a wenkri
магазин

a bromki winkri
квітковий магазин

a wenkri
супермаркет

a wowoyo
ринок

a wowoyo
універмаг

a fisi seri man
торговець рибою

a bigi wenkri
торговельний центр

a lanpresi
гавань

a park
парк

a bangi
лава

a broki
міст

a trapu
сходи

a fatyawagi
метро

a ondrogron-strati
тунель

a bushalte
автобусна зупинка

a bar
бар

a restaurant
ресторан

a brifibus
поштова скринька

a strati nen marki
вулична табличка

a parkeer marki
лічильник паркування

a meti dyari
зоопарк

a swen presi
басейн

a gado-oso
мечеть

a foto - місто

a burugron
ферма

a doti sani
забруднення навколишнього середовища

a berpe
кладовище

a kerki
церква

a prei presi
дитячий майданчик

a gado-oso
храм

a landschap
ландшафт

- a wiwiri — листок
- a pasi marki — вказівний стовп
- a pasi — шлях
- a wei — луг
- a ston — камінь
- a bon — дерево
- a koiri sma — мандрівник
- a libi — річка
- a grasi — трава
- a bromki — квітка

a lagi presi
долина

a lebriki
гора

a fisi-olo
озеро

a busi
ліс

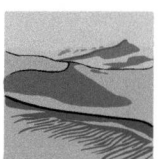

a dreisabana
пустеля

a bergi
вулкан

a ridder-oso
замок

a alenbo
веселка

a todoprasoro
гриб

a palmbon
пальма

a maskita
комар

a freifrei
муха

a mira
мурашка

a waswasi
бджола

a anansi
павук

a landschap - ландшафт

a asege
жук

a todo
жаба

a bonboni
вивірка

a agidya
їжак

a kon koni
заєць

a owru kuku
сова

a fowru
птах

a gansi
лебідь

a werder agu
кабан

a dia
олень

a dia
лось

a dan
гребля

a winti miri
вітряк

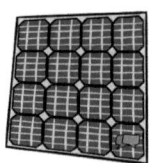

a son planga
сонячний модуль

a weer
клімат

16　　　　　a landschap - ландшафт

a restaurant
ресторан

a diniman — офіціант
a nyankarta — меню
a sturu — стілець
a supu — суп
a pissa — піца
nefi nanga forku — столові прилади
tafra duku — скатертина

a fesi nyanyan
закуска

a moro prenspari sortu nyan

друга страва

a switi sani
десерт

a dringi
напої

a nyan
їжа

a batra
пляшка

a fastfood
фаст-фуд

strati nyanyan
вулична їжа

a tépatu
чайник

sukru patu
цукорниця

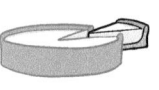

a krab'patu
порція

a espressomasyin
еспресо-машина

a pikin sturu
високий стільчик

a borgu
рахунок

a brakri
піднос

a nefi
ніж

a forku
вилка

a spun
ложка

a téspun
чайна ложка

a servet
серветка

a grasi
склянка

a restaurant - ресторан

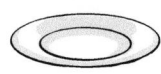

a preti
тарілка

a supu preti
тарілка для супу

a skotriki
блюдце

a sowsu
соус

a sowtupatu
солонка

a pepre miri
млин для перцю

a asin
оцет

a oli
масло

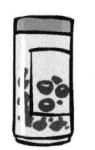

den specerij
спеції

a ketchup
кетчуп

a mosterd
гірчиця

a mayonaise
майонез

a wenkri

супермаркет

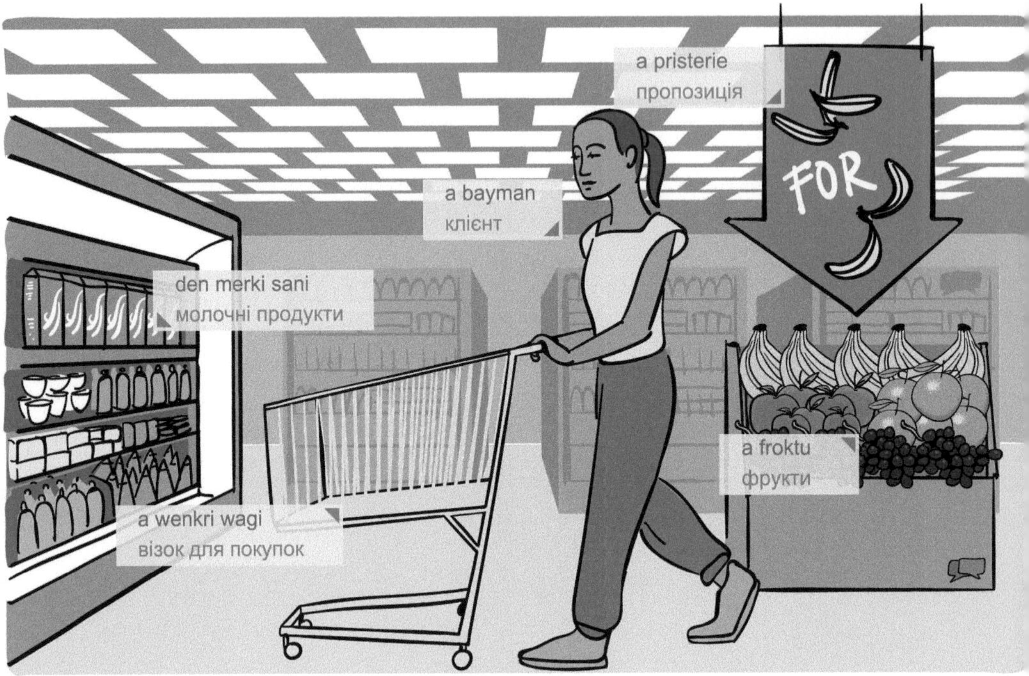

a pristerie
пропозиція
FOR
a bayman
клієнт
den merki sani
молочні продукти
a froktu
фрукти
a wenkri wagi
візок для покупок

BUTCHERS

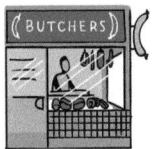

a srakti-oso

м'ясний магазин

BAKERY

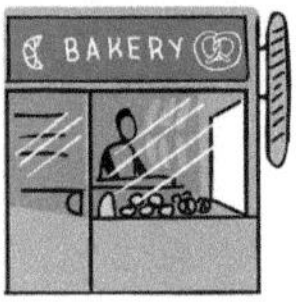

a bakri-oso

пекарня

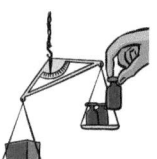

wegi

зважувати

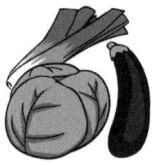

a gruntu

овочі

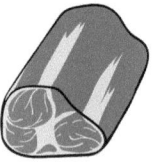

a meti

м'ясо

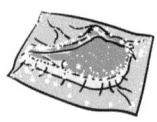

den ijskasi sani

заморожені продукти

a kowru meti

ковбасна нарізка

a blik nyan

консерви

a wasi sani

пральний порошок

a switi sani

солодощі

den oso sani

предмети домашнього побуту

a sani fu krin

мийний засіб

a seri sma

продавщиця

a kas

каса

a kasman

касир

a bai marki

список покупок

den opo yuru

часи роботи

a portmoni

гаманець

a kreditkarta

кредитна картка

a tas

сумка

a plastik saka

поліетиленовий пакет

a wenkri - супермаркет

a dringi
напої

a watra
вода

a sap
сік

a merki
молоко

a kola
кола

a win
вино

a biri
пиво

a sopi
алкоголь

a skrati
какао

a té
чай

a kofi
кава

a espresso
еспресо

a kappuccino
капучіно

a nyan
їжа

a bakba
банан

a apra
яблуко

a apresina
апельсин

a watramun
кавун

a sitrun
лимон

a rutu
морква

a konofroku
часник

a bambu
бамбук

a aiun
цибуля

den todoprasoro
гриб

den noto
горішки

a pasta
локшина

a spaghetti	a alesi	a salade
спагеті	рис	салат

a patata	den baka patata	a pissa
картопля фрі	смажена картопля	піца

a burger	a brede	a schnitsel
гамбургер	бутерброд	шніцель

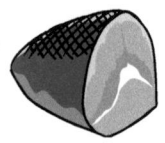

a ameti	a salami	a worst
шинка	салямі	ковбаса

a kafowru	a bakadina	a fisi
курка	печеня	риба

a nyan - їжа

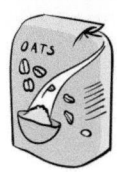

a hafermout

вівсяні пластівці

a muesli

мюслі

den karuflakes

кукурудзяні пластівці

a blon

борошно

a croissant

круасан

den brede

булочка

a brede

хліб

a baka brede

тостовий хліб

a buskutu

печиво

a botro

масло

a kwark

сир

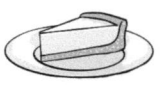

a kuku

пиріг

a eksi

яйце

a baka eksi

яєчня

a kasi

сир

a nyan - їжа

25

a ice-cream	a sukru	a oni
морозиво	цукор	мед

a jam	a sukruskrati pasta	a kerrie
мармелад	нуга-крем	карі

a nyan - їжа

a burugron
ферма

a wroko gron presi — сільський будинок
a maksin — комора
a grasi bergi — солом'яні тюки
a gron — поле
a asi — кінь
a aanhangwagi — причіп
a pikin asi — лоша
a traktor — трактор
a buriki — віслюк
a pikin skapu — ягня
a skapu — вівця

a krabita

коза

a kaw

корова

a pikin kaw

теля

a agu

свиня

a pikin agu

порося

a burkaw

бик

a gansi

гусак

a doksi

качка

a pikin fowru

курча

a fowru

курка

a kakafowru

півень

a alata

щур

a puspusi

кіт

a moismoisi

миша

a burkaw

віл

a dagu

собака

a dagu pen

собача будка

a tuinslang

садовий шланг

a watra kan

лійка

a nefi

коса

a pluga

плуг

28 a burugron - ферма

a babun-nefi
серп

a tyapu
мотика

a forku
вила

a beyri
сокира

a kroiwagi
тачка

a baki
корито

a merki kan
бідон молока

a saka
мішок

a skotu
паркан

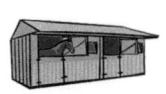

a pen
хлів

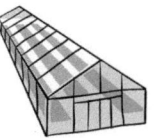

a grun kasi
теплиця

a gron
ґрунт

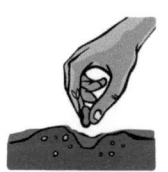

a siri
насіння

a doti
добриво

a maaidorser
комбайн

a burugron - ферма

koti

пожинати

a nyanyan

урожай

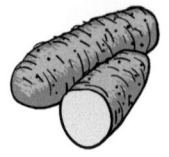

a yami

корінь ямсу

a aleisi

пшениця

a soja

соя

a patata

картопля

a karu

кукурудза

a koro siri

ріпак

a froktu bon

плодове дерево

a kasaba

маніок

den siri

злаки

a oso
дім

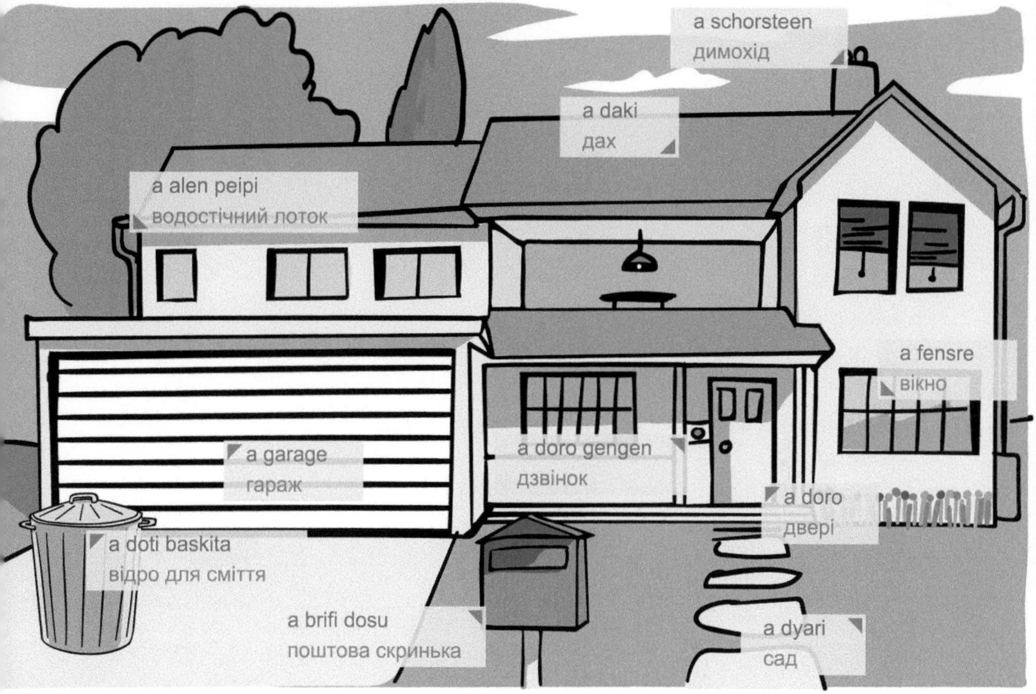

- a schorsteen — димохід
- a daki — дах
- a alen peipi — водостічний лоток
- a fensre — вікно
- a garage — гараж
- a doro gengen — дзвінок
- a doro — двері
- a doti baskita — відро для сміття
- a brifi dosu — поштова скринька
- a dyari — сад

a foroisi

вітальня

a was oso

ванна кімната

a botrali

кухня

a sribikamra

спальня

a pikin kamra

дитяча кімната

a nyanyan kamra

їдальня

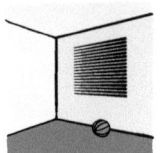

a gron

підлога

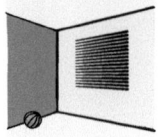

a skotu

стіна

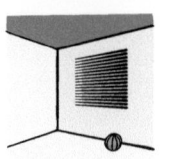

a plafon

стеля

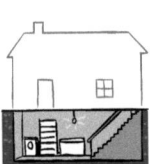

a kedre

підвал

a sauna

сауна

a barkon

балкон

a terras

тераса

a swen presi

басейн

a waimasyin

косарка

a sribikrosi

простирало

a sribikrosi

ковдра

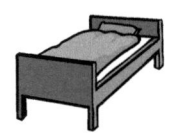

a bedi

ліжко

a sisibi

мітла

a embre

відро

a san fu leti faya

перемикач

a oso - дім

a foroisi
вітальня

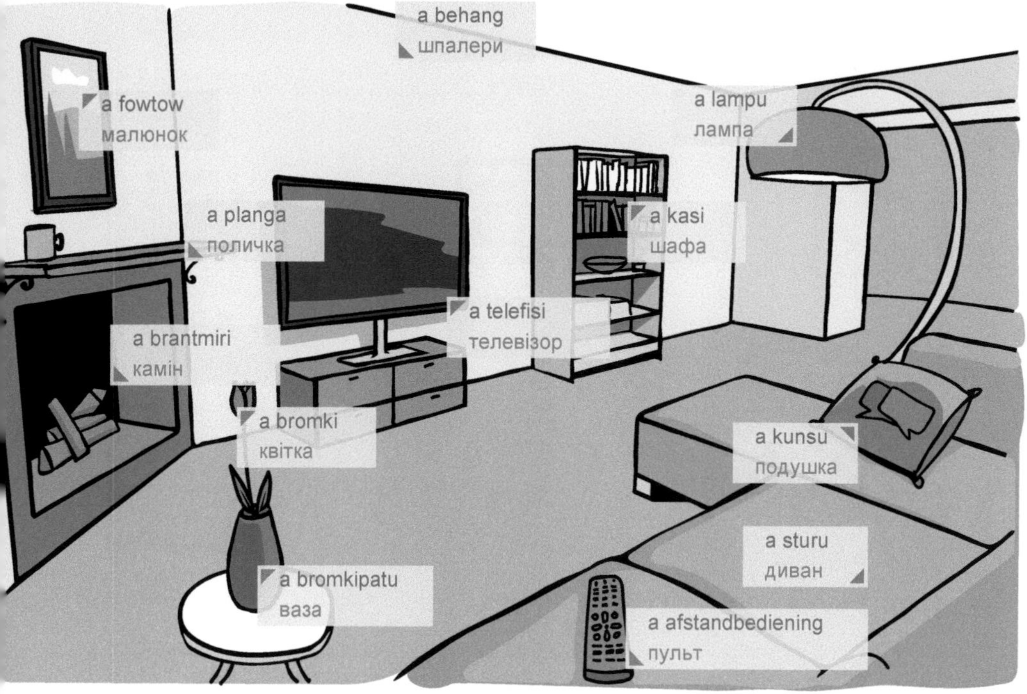

a behang — шпалери
a fowtow — малюнок
a lampu — лампа
a planga — поличка
a kasi — шафа
a brantmiri — камін
a telefisi — телевізор
a bromki — квітка
a kunsu — подушка
a sturu — диван
a bromkipatu — ваза
a afstandbediening — пульт

a matamata

килим

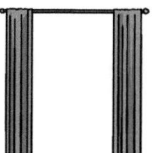

a garden

завіса

a tafra

стіл

a sturu

стілець

a boboisturu

крісло-гойдалка

a sturu

крісло

a foroisi - вітальня

a buku

книга

a tapun

ковдра

a pranpran

прикраса

a udu

дрова

a kino

фільм

a stereo-installatie

стереосистема

a sroto

ключ

a koranti

газета

a skedrei

картина

a poster

плакат

a konkrudosu

радіо

a skrifi buku

блокнот

a stofsuiger

пилосос

a kaktus

кактус

a kandra

свічка

a foroisi - вітальня

a botrali
кухня

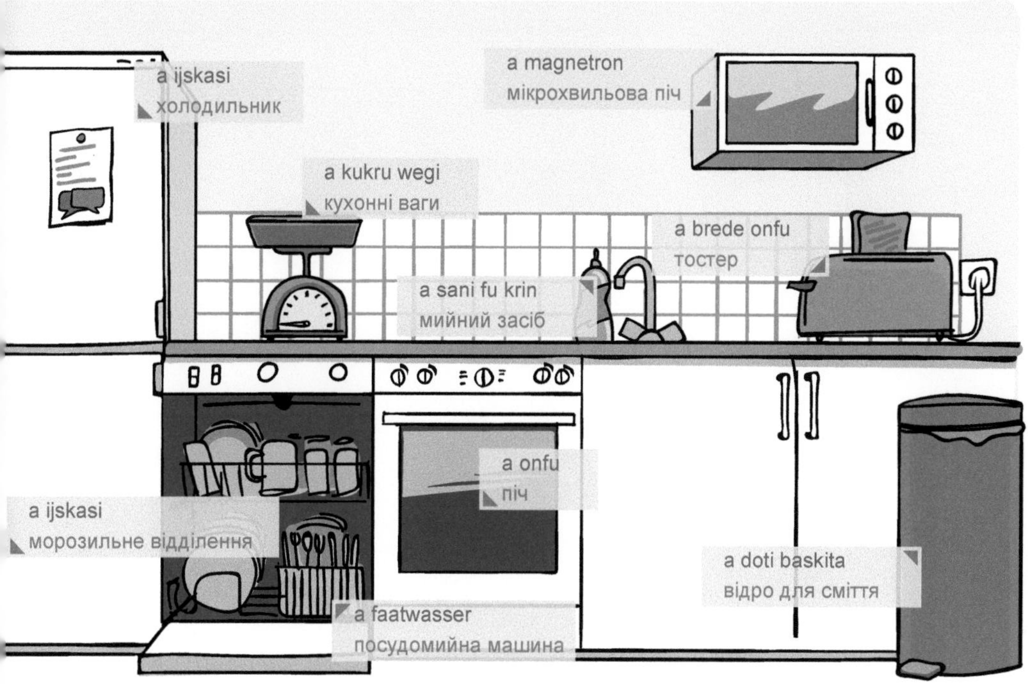

a ijskasi
холодильник

a magnetron
мікрохвильова піч

a kukru wegi
кухонні ваги

a brede onfu
тостер

a sani fu krin
мийний засіб

a onfu
піч

a ijskasi
морозильне відділення

a doti baskita
відро для сміття

a faatwasser
посудомийна машина

a onfu

плита

a patu

горщик

a isri patu

чавунний горщик

a wok / kadai

вок / кадай

a pan

сковорода

a ketre

чайник

a dampupatu

пароварка

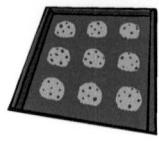

a baka preti

лист

den tafra-sani

посуд

a kan

кухоль

a koba

чаша

den nyantiki

палички для їжі

a supu spun

черпак

a spatel

лопатка

a klutser

вінчик для збивання

a fergiet

сито

a dorodoro

сито

a gritigriti

терка

a mortier

ступка

a barbakoto

барбекю

a faya presi

багаття

a botrali - кухня

a koti planga

дошка

a blon lolo

качалка

a korkutreki

штопор

a tromu

конзерва

a knefi fu opo blik

відкривачка

a patu duku

прихватки

a wasibaki

раковина

a bosro

щітка

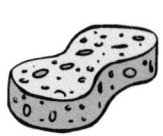

a sponsu

губка

a blender

міксер

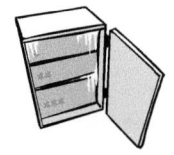

a ijskasi

морозильна камера

a beibi batra

дитяча пляшка

a kran

кран

a botrali - кухня

a was oso
ванна кімната

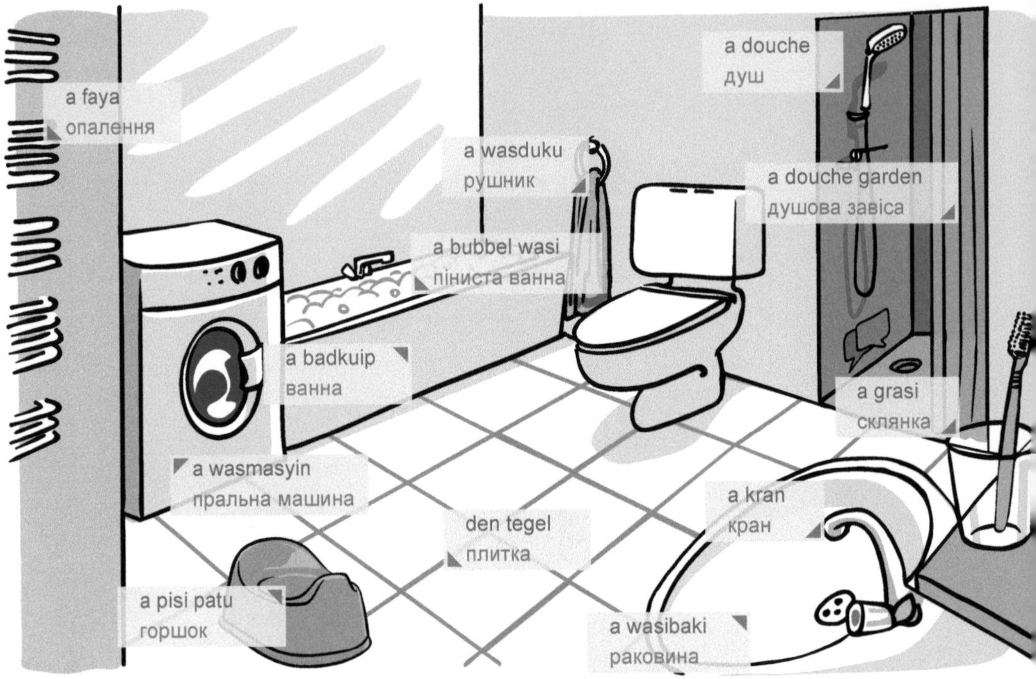

- a faya — опалення
- a douche — душ
- a wasduku — рушник
- a douche garden — душова завіса
- a bubbel wasi — пiниста ванна
- a badkuip — ванна
- a grasi — склянка
- a wasmasyin — пральна машина
- den tegel — плитка
- a kran — кран
- a pisi patu — горшок
- a wasibaki — раковина

a kumakoisi

туалет

a kumakoisi

підлоговий туалет

a bidet

біде

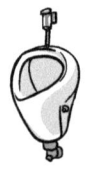

a pisi presi

пісуар

a kumakoisi papira

туалетний папір

a kumakoisi bosro

щітка для туалету

a tifi bosro
зубна щітка

a tandpasta
зубна паста

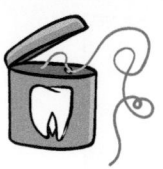
a floss
нитка для чищення зубів

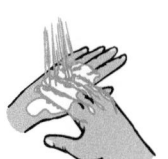
wasi
мити

a douche
ручний душ

a kumakoisi douche
інтимний душ

a was koba
таз

a baka bosro
щітка для спини

a sopo
мило

a douchegel
гель для душу

a sopo
шампунь

a was krosi
мочалка

a afvoer
водостік

a krème
крем

a okselstik
дезодорант

a was oso - ванна кімната

a spikri

дзеркало

a moimoi fu fesi spikri

косметичне дзеркало

a sebinefi

бритва

a sebiskuma

піна для гоління

a aftershave

лосьйон після гоління

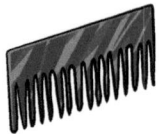

a kankan

гребінь

a bosro

щітка

a wiri drei masyin

фен

a wirispray

лак для волосся

a moimoi fu fesi

косметика

a lippenstift

губна помада

a nangra ferfi

лак для нігтів

den katun

вата

a nangra sey

ножиці для нігтів

a switi smeri

парфум

a tas gi krin sani

косметичка

a kroku

табурет

a wegi

ваги

a was dyaki

халат

den handschoen fu krin

гумові рукавички

a tampon

тампон

a munduku

гігієнічні прокладки

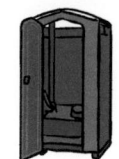

a kumakoisi

біотуалет

a pikin kamra

дитяча кімната

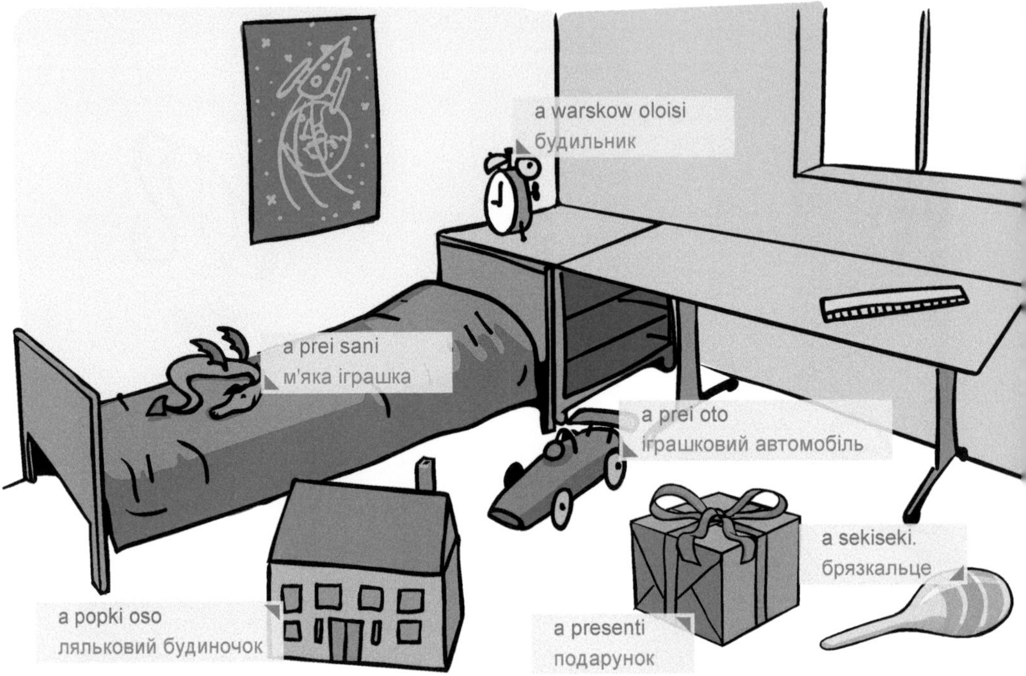
a warskow oloisi
будильник
a prei sani
м'яка іграшка
a prei oto
іграшковий автомобіль
a sekiseki.
брязкальце
a popki oso
ляльковий будиночок
a presenti
подарунок

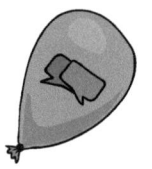

a ballon

повітряна кулька

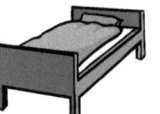

a bedi

ліжко

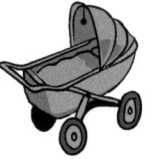

a beibiwagi

дитячий візок

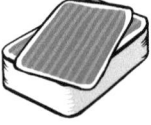

a paki karta

картярська гра

a laytori

пазл

SUPER MEGA

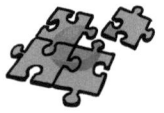

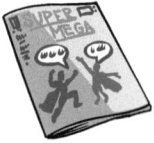

a strip torie

комікс

den lego ston
лего цеглинки

den prei sani
блоки

a aktiefiguurtje
іграшкова фігурка

a beibikrosi
повзунки

a frisbee
фризбі

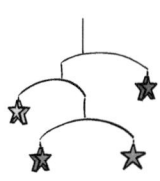
a mobile
мобіле

a prei tapu bord
настільна гра

a prei ston
кубик

a prei sani loko
модель залізнична станція

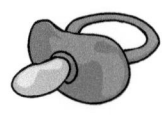
a bobimofo
соска

a fesa
вечірка

a prenki buku
книжка з картинками

a bal
м'яч

a popki
лялька

prei
грати

a pikin kamra - дитяча кімната

a santi baki
пісочниця

a boboisturu
гойдалка

den preisani
іграшка

a prei komputer
гральна консоль

a baysigri
триколісний велосипед

a prei sani
плюшевий мішка

a krosikasi
шафа

a krosi
одяг

den kowsu
шкарпетки

den kowsu
панчохи

a kowsu
колготки

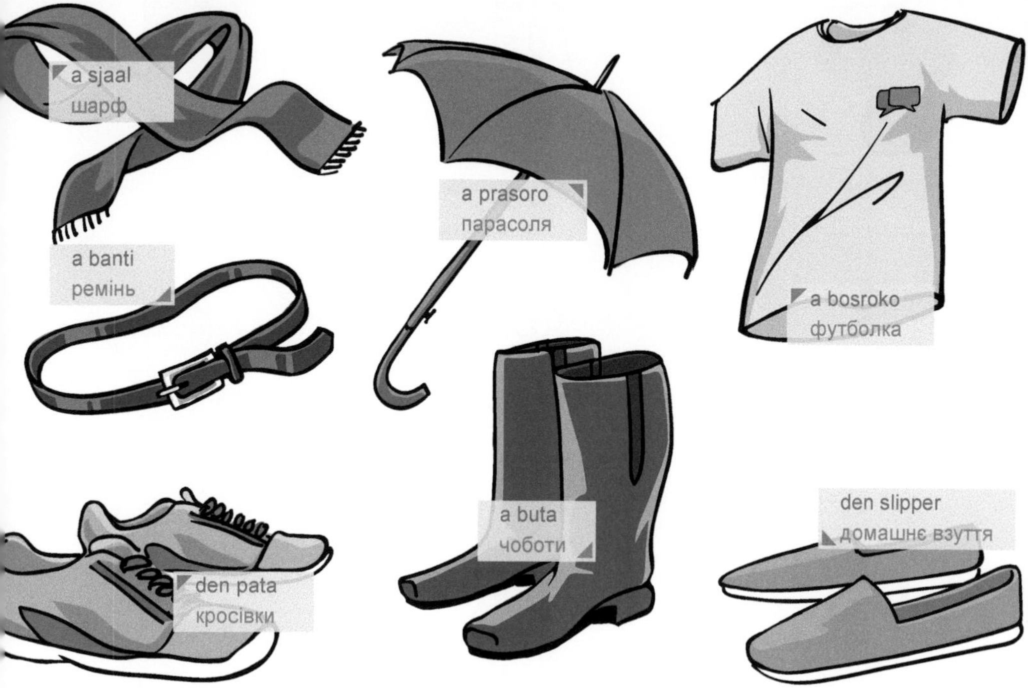

a sjaal — шарф

a banti — ремінь

a prasoro — парасоля

a bosroko — футболка

den pata — кросівки

a buta — чоботи

den slipper — домашнє взуття

den susu

сандалі

den susu

взуття

a buta

гумові чоботи

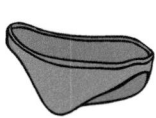

a jockey

труси

a bh

бюстгальтер

a kamsoro

нижня сорочка

a krosi - одяг

a skin

боді

a bruku

штани

a jeansbruku

джинси

a koto

спідниця

a blus

блузка

a empi

сорочка

a empi

пуловер

a dyaki

светр

a djakti

піджак

a dyakti

куртка

a alendyakti

пальто

a alendyakti

дощовик

a paki

костюм

a yapon

сукня

a trowyapon

весільна сукня

a krosi - одяг

a paki
костюм

a sribikrosi
нічна сорочка

a sribikrosi
піжама

a sari
сарі

a angisa
головна хустка

a tulband
чалма

a burka
бурка

a kaftan
кафтан

a abaya
абая

a swenkrosi
купальник

a swenbruku
плавки

a syatu bruku
шорти

a training paki
тренувальний костюм

a feskoki
фартух

a handschoen
рукавички

a knopo

гудзик

a aygrasi

окуляри

a anubuy

браслет

a keti

ланцюг

a linga

кільце

a yesilinga

сережка

a ati

шапка

a krosi anga

плічка

a ati

капелюх

a tay

краватка

a rits

застібка-блискавка

a feti musu

шолом

a bretel

підтяжки

a sem skoro krosi

шкільна форма

a sem krosi

уніформа

a krosi - одяг

a slabbetje
нагрудник

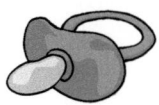

a bobimofo
соска

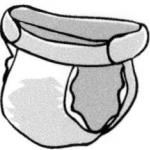

a pisiduku
підгузок

a kantoro
офіс

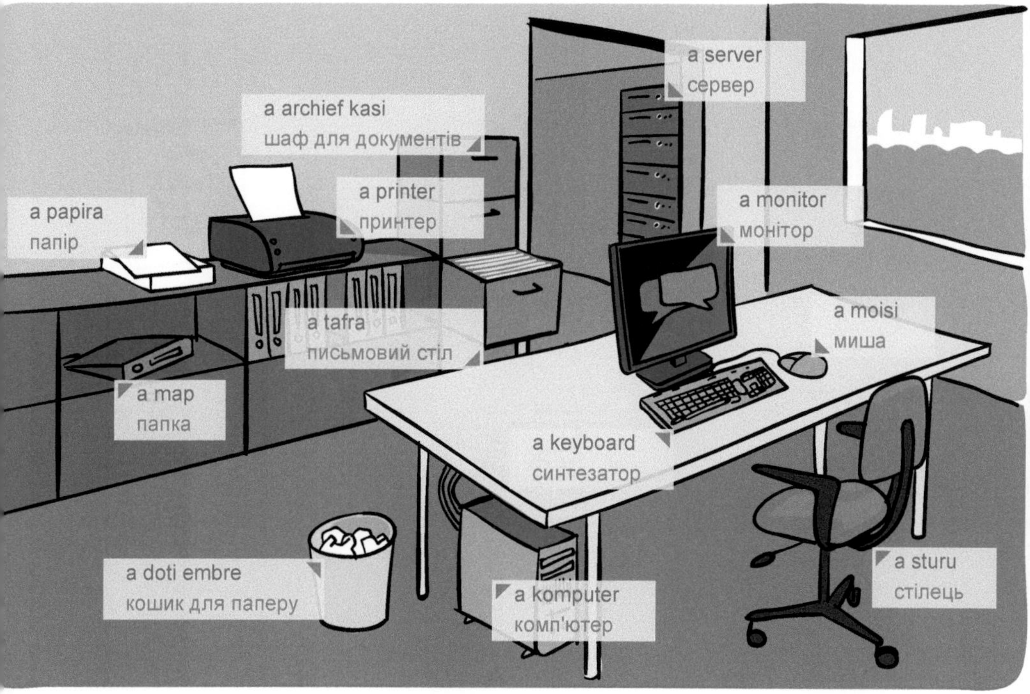

a server — сервер
a archief kasi — шаф для документів
a printer — принтер
a monitor — монітор
a papira — папір
a tafra — письмовий стіл
a moisi — миша
a map — папка
a keyboard — синтезатор
a doti embre — кошик для паперу
a komputer — комп'ютер
a sturu — стілець

a kofi kan
кавовий кухоль

a kalkulator
калькулятор

a internet
інтернет

a kantoro - офіс

a laptop
ноутбук

a brifi
лист

a boskopu
повідомлення

a konkrutitei
мобільний телефон

a neti
мережа

a kopi masyin
копіювальний пристрій

a software
програмне забезпечення

a konkrutitei
телефон

a stopkontakt
розетка

a fax masyin
факс

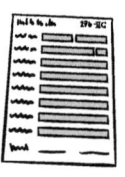
a formulier
бланк

a papira
документ

a kantoro - офіс

a ekonomia
економіка

bai
купувати

pai
платити

du
торгувати

a moni
гроші

a dollar
долар

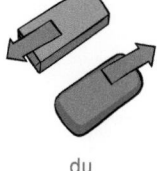

a euro
євро

a yen
ієна

a rubel
рубль

a frank
франк

a renminbi yuan
юанів женьміньбі

a rupie
рупія

a monimasyin
банкомат

a kenki kantoro
обмінний пункт

a gowtu
золото

a solfru
срібло

a oli
нафта

a krakti
енергія

a prijs
ціна

a kontrakti
контракт

a lantimoni
податок

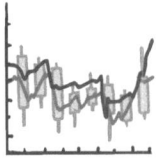
a pisi
акція

wroko
працювати

a wrokoman
працівник

a wrokobasi
роботодавець

a fabrik
фабрика

a wenkri
магазин

a ekonomia - економіка

den kari
професії

a skowtu — поліцейський
a brandweerman — пожежник
a boriman — повар
a datra — лікар
a piloot — пілот

a djariman

садівник

a temreman

столяр

a modist

швачка

a krutubasi

суддя

a scheikunde sma

хімік

a akteur

актор

a bus sjafeur
водій автобуса

a taximan
таксист

a fisiman
рибалка

a krinsma
прибиральниця

a dakitapu man
покрівельник

a diniman
офіціант

a ontiman
мисливець

a ferfiman
художник

a bakriman
пекар

a elektrikman
електрик

a bow-wroko man
будівельник

a ensjinoru
інженер

a sraktiman
забійник

a loodgieter
бляхар

a postbode
листоноша

den kari - професії

a srudati
солдат

a architekt
архітектор

a kasman
касир

a bromkisma
флорист

a seti sma wiri man
перукар

a kondukteur
кондуктор

a monteur
механік

a kapten
капітан

a tifidatra
дантист

a sabiman
вчений

a Dyu domri
рабин

a Moslim domri
імам

a moniki
монах

a priester
пастор

den kari - професії

a wrokosani
інструменти

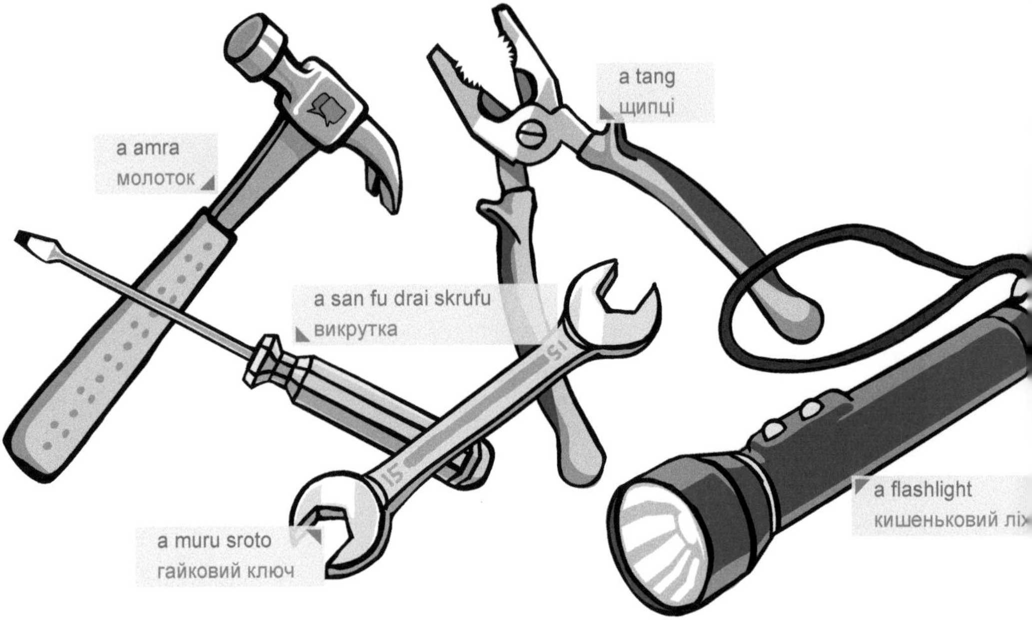

a amra
молоток

a tang
щипці

a san fu drai skrufu
викрутка

a muru sroto
гайковий ключ

a flashlight
кишеньковий ліх

a dikimasyin
екскаватор

a wrokosani kisi
ящик для інструментів

a trapu
драбина

a sa
пилка

den spikri
цвяхи

a boro
свердло

meki
ремонтувати

a skepi
лопата

Baya!
лайно!

a stofblik
совок

a ferfi patu
відро з фарбою

den skrufu
гвинти

den poku sani
музичні інструменти

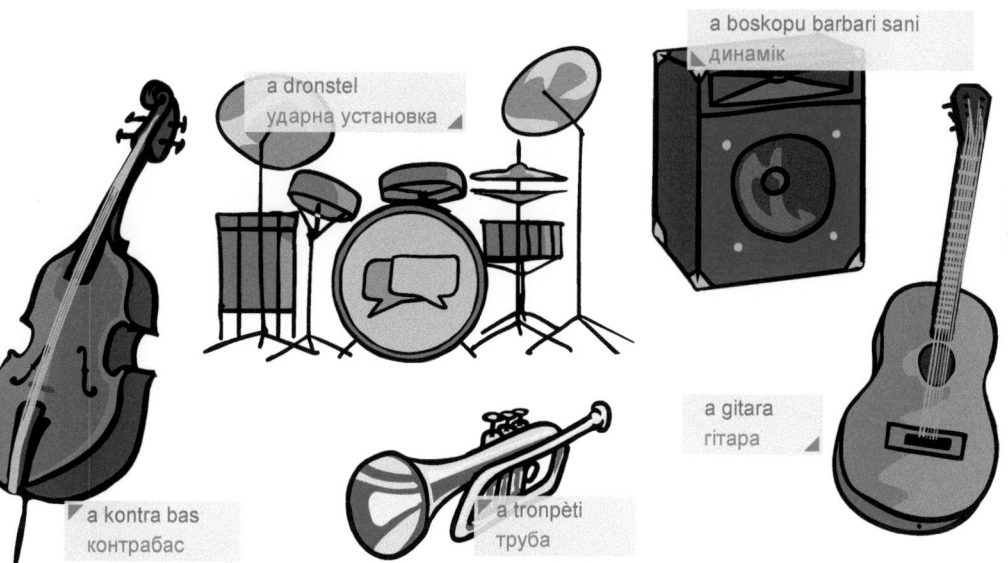

a dronstel
ударна установка

a boskopu barbari sani
динамік

a gitara
гітара

a kontra bas
контрабас

a tronpèti
труба

a piano
фортепіано

a finyoro
скрипка

a bas
бас

a pauk
литаври

a dron
барабан

a keyboard
клавіатура

a saxofon
саксофон

a froiti
флейта

a mikrofon
мікрофон

a meti dyari
зоопарк

a tigri — тигр
a mofodoro — вхід
a pen — клітка
a sabanaburiki — зебра
a meti nyan — корм
a panda — панда

den meti

тварини

a asaw

слон

a kangeru

кенгуру

a neushoorn

носоріг

a gorilla

горила

a beer

ведмідь

a kameri
верблюд

a stroisifowru
страус

a lew
лев

a monki
мавпа

a korikori
фламінго

a popokai
папуга

a ijsbeer
білий ведмідь

a pinguïn
пінгвін

a sarki
акула

a prodokaka
павич

a sneki
змія

a kaiman
крокодил

a sma san e sorgu meti
працівник зоопарку

a sedagu
тюлень

a penitigri
ягуар

a meti dyari - зоопарк

a pikin asi

поні

a penitigri

леопард

a watrabofru

гіпопотам

a giraf

жираф

a aka

орел

a werder agu

кабан

a fisi

риба

a sekrepatu

черепаха

a walrus

морж

a sabanadagu

лисиця

a dia

газель

a meti dyari - зоопарк

a sport
спорт

den aktifiteit
дії

- jompo — стрибати
- lafu — сміятися
- brasa — обіймати
- waka — йти
- singi — співати
- dren — мріяти
- begi — молитися
- bosi — цілувати

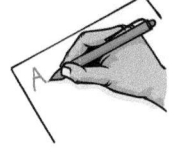

skrifi
писати

hari
малювати

sori
показувати

pusu
тиснути

gi
давати

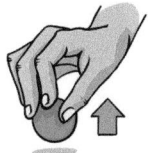

teki
брати

abi
мати

dati
робити

de
бути

tnapu
стояти

lon
бігати

hari
тягнути

trowe
кидати

fadon
падати

lei
лежати

wakti
очікувати

tyari
носити

sidon
сидіти

weri
одягати

sribi
спати

wiki
просипатися

den aktifiteit - дії

luku
дивитися

krei
плакати

korikori
гладити

kan
розчісувати

taki
розмовляти

ferstan
розуміти

aksi
питати

arki
слухати

dringi
пити

nyanyan
їсти

krin
прибирати

lobi
любити

bori
варити

rei
їхати

frei
літати

den aktifiteit - дії

seiri
йти під вітрилом

teri
рахувати

lesi
читати

leri
вчитися

wroko
працювати

trow
одружуватися

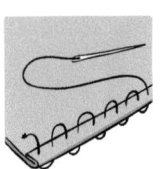

nai
шити

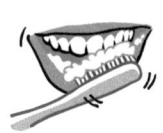

krintifi
чистити зуби

kiri
убивати

smoko
курити

seni
посилати

a famiri
сім'я

- a granmama — бабуся
- a granpapa — дідуся
- a papa — батько
- a mama — мати
- a beibi — немовля
- a umapikin — донька
- a manpikin — син

a fisiti
гість

a tanta
тітка

a omu
дядько

a brada
брат

a sisa
сестра

a skin
тіло

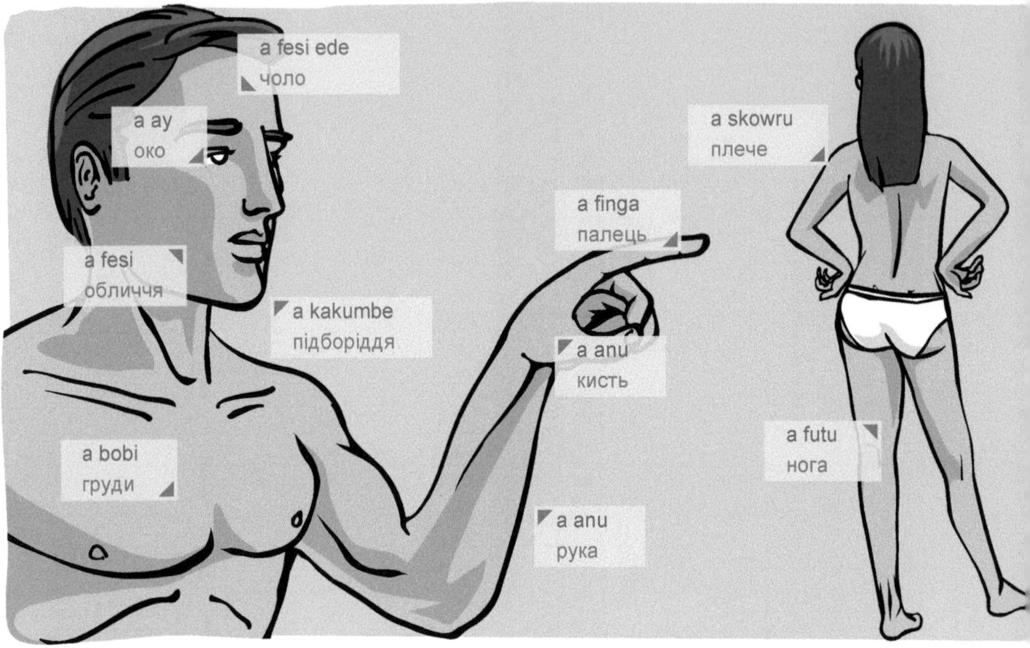

a fesi ede — чоло
a ay — око
a skowru — плече
a finga — палець
a fesi — обличчя
a kakumbe — підборіддя
a anu — кисть
a bobi — груди
a futu — нога
a anu — рука

a beibi
немовля

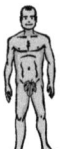

a man
чоловік

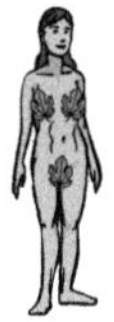

a uma
жінка

a uma pikin
дівчина

a boi
хлопчик

a ede
голова

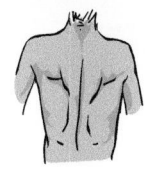
a baka
спина

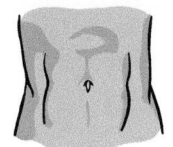
a bere
живіт

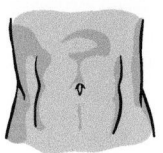
a kumba
пуп

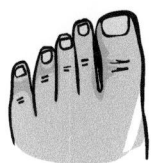
a futufinga
палець ноги

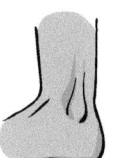
a bakafutu
п'ята

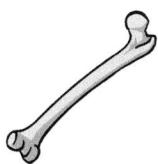
a bonyo
кістка

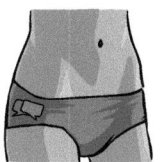
a djonku
стегно

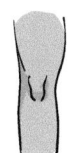
a kindi
коліно

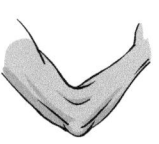
a baka anu
лікоть

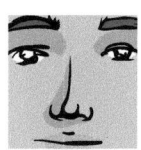
a noso
ніс

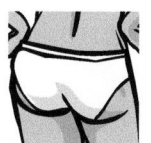
a bakasei
сідниці

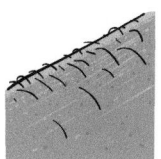
a skin
шкіра

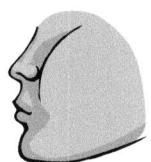
a seifesi
щока

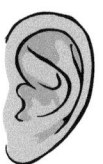
a yesi
вухо

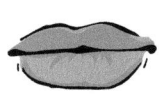
den mofobuba
губа

a skin - тіло

a mofo
рот

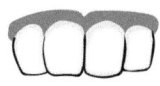
a tifi
зуб

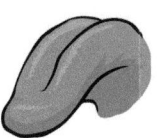
a tongo
язик

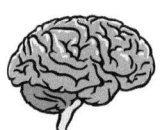
a ede tonton
мозок

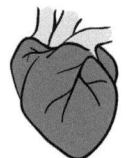
a ati
серце

a titei
м'яз

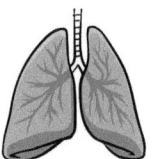
a fokofoko
легені

a lefre
печінка

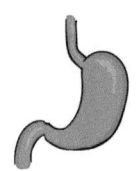
a bere
шлунок

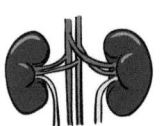
den niri
нирки

a freiri
статевий акт

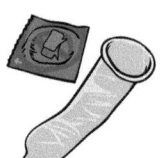
a pipikowsu
презерватив

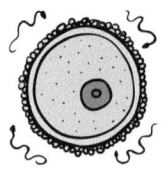
a eksi
яйцеклітина

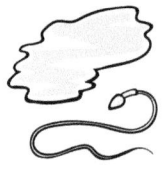
a siri
сперма

a bere
вагітність

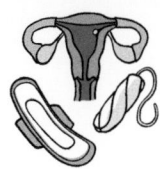

a munsiki

менструація

a umapresi

вагіна

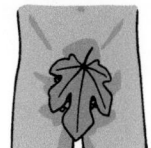

a toli

пеніс

a tapu-ay-wiwiri

брова

a wiwiri

волосся

a neki

шия

a skin - тіло

a ati oso
лікарня

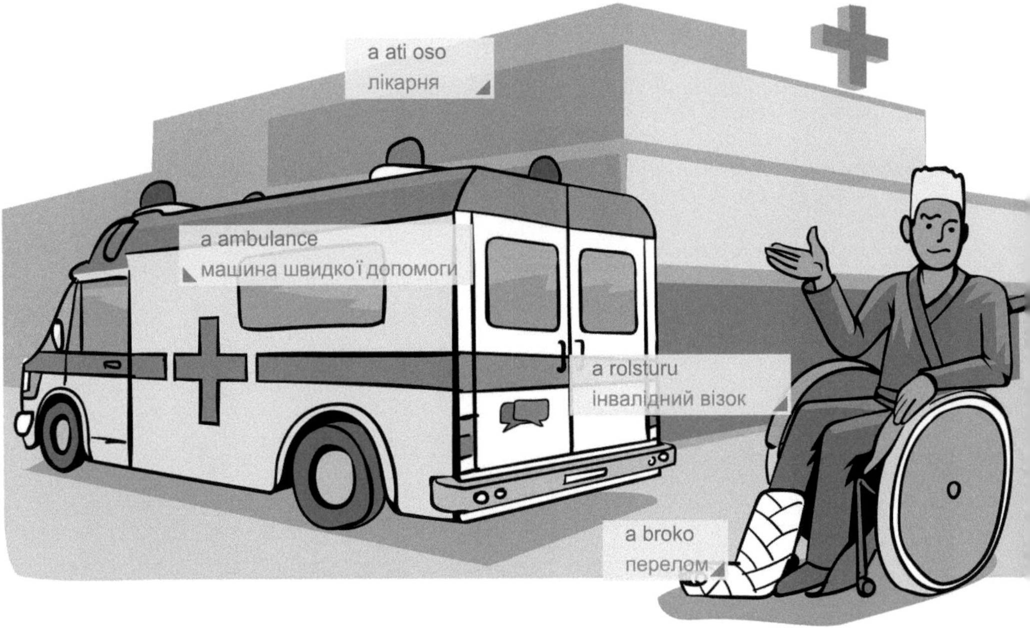

a ati oso
лікарня

a ambulance
машина швидкої допомоги

a rolsturu
інвалідний візок

a broko
перелом

a datra

лікар

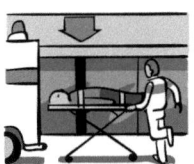

a EHBO

відділення швидкої медичної допомоги

a suster

медсестра

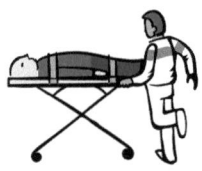

a nowtu

аварійний випадок

flaw

непритомний

a pen

біль

a soro
травма

a brudu
кровотеча

a ati siki
інфаркт

a bururtu
інсульт

a trefu
алергія

koso
кашель

a kortsu
лихоманка

a griep
грип

a lusu bere
пронос

a ede-ati
головна біль

a takrusiki
рак

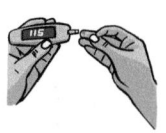
a sukru
діабет

a chirurg
хірург

a skalpel
скальпель

a operâsi
операція

a ati oso - лікарня

a CT
КТ

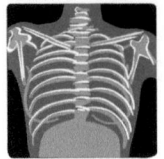
a röntgen
рентген

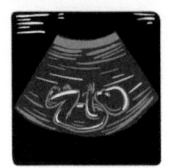
a echo
ультразвук

a fesi maskradu
маска

a siki
хвороба

a wakti kamra
зал очікування

a kroku
милиця

a duku
пластир

a duku
пов'язка

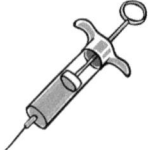
a spoiti
ін'єкція

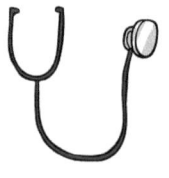
a stethoskoop
стетоскоп

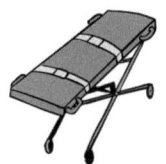
a brandkard
ноші

a temperatuur marki
термометр

a gebore
народження

a fatu
надмірна вага

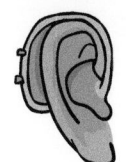
a masyin fu yere
слуховий апарат

a sani fu krin
дезінфікуючий засіб

a dyomposiki
інфекція

a firus
вірус

a HIV / AIDS
ВІЛ / СНІД

a dresi
медицина

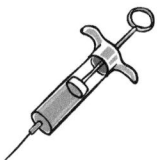
a faksinasi
вакцинація

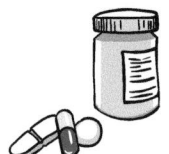
den perki
таблетки

a perki
протизаплідна пігулка

a nowtu nomru
екстрений виклик

a brudu marki
тонометр

siki / gesontu
хворий / здоровий

a ati oso - лікарня

a nowtu
аварійний випадок

Yepi!	a warskow	a feti
Допоможіть!	сигнал тривоги	напад
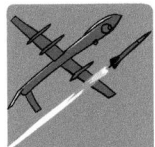		
a feti	a ogri	a nowtu doro
атака	небезпека	аварійний вихід

Faya!	a fayakiri sani	a mankeri
Вогонь!	вогнегасник	аварія

a EHBO-kofru	SOS	a skowtu
аптечка	СОС	поліція

a grontapu
Земля

Bakrakondre
Європа

Opo-Amerkan
Північна Америка

Suid-Amerkan
Південна Америка

Afrika
Африка

Asi
Азія

Australia
Австралія

a Atlantis Se
Атлантика

a Tan tiri Se
Тихий океан

a Indisch Se
Індійський океан

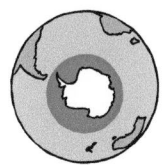
a Suidsei Se
Антарктичний океан

a Noordsei Se
Північний Льодовитий океан

a Noordsei
Північний полюс

a Suidsei
Південний полюс

Antartika
Антарктика

a grontapu
Земля

a kondre
суша

a se
море

a eilanti
острів

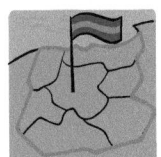
a nâsi
нація

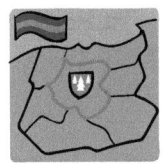
a lanti
держава

oloisi
годинник

a oloisi fesi
циферблат

a yuru sori
годинникова стрілка

a miniti sori
хвилинна стрілка

a sekonde sori
секундна стрілка

O lati a de?
Котра година?

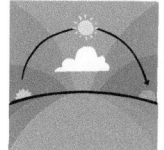
a dey
день

a ten
час

now
зараз

a oloisi
цифровий годинник

a miniti
хвилина

a yuru
година

a wiki
тиждень

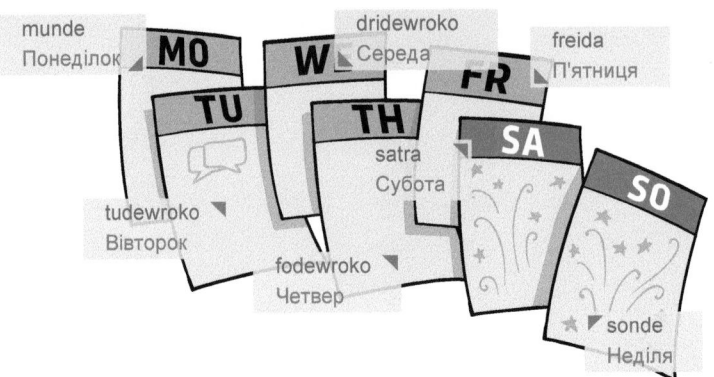

munde — Понеділок
tudewroko — Вівторок
dridewroko — Середа
fodewroko — Четвер
freida — П'ятниця
satra — Субота
sonde — Неділя

esde
вчора

tide
сьогодні

tamara
завтра

a mamanten
ранок

a bakadina
опівдні

a neti
вечір

den wrokodei
робочі дні

a weekend
кінець робочого тижня

a yari

рік

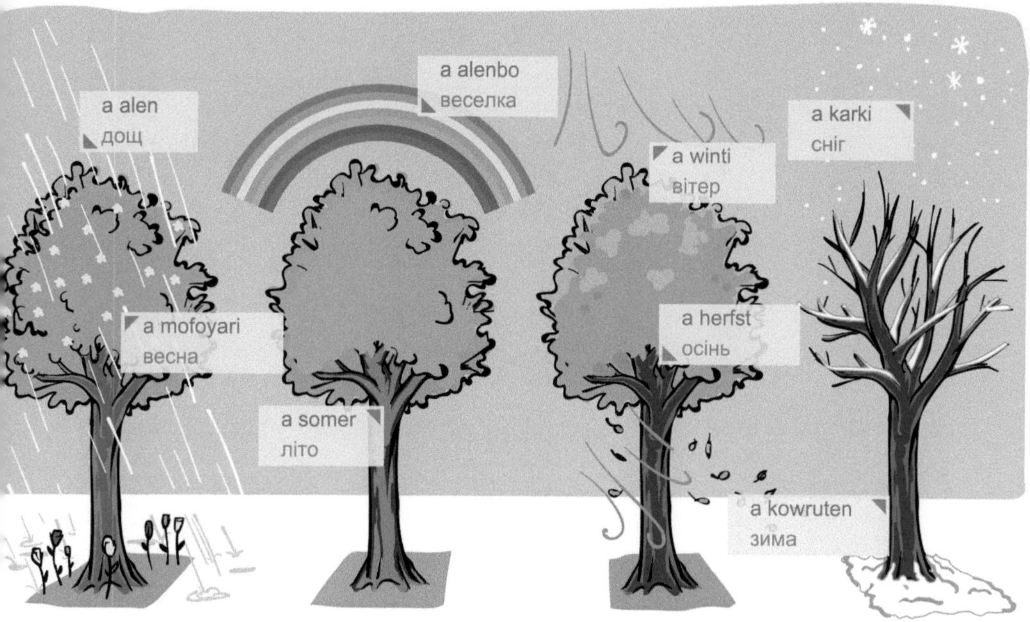

a alen
дощ
a alenbo
веселка
a karki
сніг
a winti
вітер
a mofoyari
весна
a herfst
осінь
a somer
літо
a kowruten
зима

4.APRIL 11°
5.APRIL 4°
6.APRIL 13°
7.APRIL 8°
8.APRIL 10°

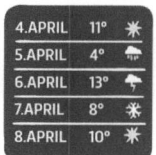

a taki fu a weer

прогноз погоди

F C
120 40
90 30
60 20
30 10
0 0
-30 -10
-20

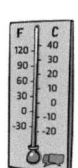

a thermometer

термометр

a skèin fu a son

сонячне світло

a wolku

хмара

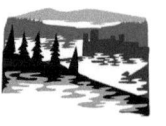

a dow

туман

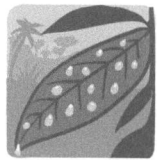

a loktu foktu

вологість повітря

a faya
блискавка

a dondru
грім

a sekiwatra
шторм

a agra
град

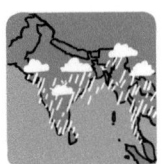
a bigi skwala
мусон

a frudu
повінь

a èisi
лід

januari
Січень

februari
Лютий

maart
Березень

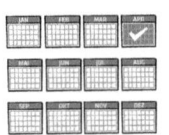
april
Квітень

mei
Травень

juni
Червень

juli
Липень

augustus
Серпень

a yari - рік

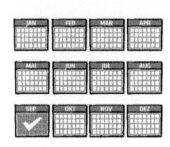
september

Вересень

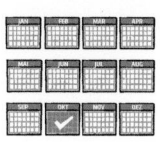
oktober

Жовтень

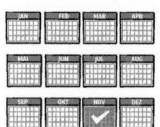
nofember

Листопад

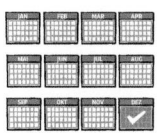
december

Грудень

den form
форми

a lontu

круг

a fokanti

квадрат

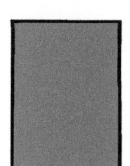
a fokanti naga langa sei

прямокутник

a dri-uku

трикутник

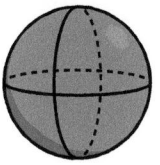
a lontu

куля

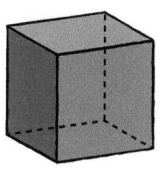
a kubus

куб

kloru
фарби

witi
білий

geri
жовтий

alanya
помаранчевий

ròs
рожевий

redi
червоний

lila
фіолетовий

blaw
синій

grun
зелений

broin
коричневий

grei
сірий

blaka
чорний

difrenti
протилежності

tumsi / wanwan

багато / мало

atibron / tiri

лютий / мирний

moi / takru

гарний / бридкий

begin / kba

початок / кінець

bigi / ptyin

великий / малий

lekti / dungru

світлий / темний

brada / sisa

брат / сестра

krin / doti

чистий / брудний

krinkrin / no bun nofo

завершений / незавершений

dei / neti

день / ніч

dede / libi

мертвий / живий

bradi / smara

широкий / вузький

kan nyan / no kan nyan

їстівний / неїстівний

takru / bun

злий / дружній

prisiri / ferferi

збуджений / нудьгуючий

fatu / fini

товстий / тонкий

fosi / lasti

спочатку / востаннє

mati / feyanti

друг / ворог

furu / leigi

повний / порожній

tranga / safu

жорсткий / м'який

hebi / lekti

важкий / легкий

angri / dreineki

голод / спрага

siki / gesontu

хворий / здоровий

no gi pasi / tru

незаконний / законний

koni / don

розумний / дурний

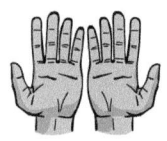

kruktu / leti

вліво / вправо

gi / fara

поруч / далеко

difrenti - протилежності

nyun / owru

новий / використаний

noti / wan sani

нічого / щось

owru / jongu

старий / молодий

leti / tapu

вкл / викл

opo / tapu

відкрито / закрито

safu / tranga

тихо / гучно

gudu / poti

багатий / бідний

bun / fowtu

правильно / неправильно

grofu / grati

шорсткий / гладкий

sari / breiti

сумний / щасливий

shatu / langa

короткий / довгий

loli / esi esi

повільно / швидко

nati / drei

вологий / сухий

warang / kowru

гарячий / холодний

feti / freide

війна / мир

difrenti - протилежності

den nomru
числа

0 noti — нуль

1 wan — один

2 tu — два

3 dri — три

4 fo — чотири

5 feifi — п'ять

6 siksi — шість

7 seibi — сім

8 aiti — вісім

9 neigi — дев'ять

10 tin — десять

11 erfu — одинадцять

12
twarfu
дванадцять

13
tin-na-dri
тринадцять

14
tin-na-fo
чотирнадцять

15
tin-na-feifi
п'ятнадцять

16
tin-na-siksi
шістнадцять

17
tin-na-seibi
сімнадцять

18
tin-na-aiti
вісімнадцять

19
tin-na-neigi
дев'ятнадцять

20
twenti
двадцять

100
hondru
сто

1.000
dusun
тисяча

1.000.000
milyun
мільйон

den tongo
мови

Ingristongo

англійська

Amerkan Ingristongo

американська англійська

Sneisi Mandarijntongo

китайська високочиновницька

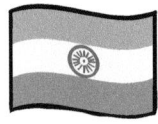

Hinditongo

хінді

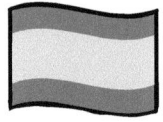

Spanyoro

іспанська

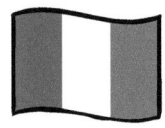

Frans

французька

Arabiatongo

арабська

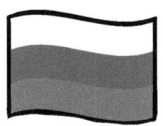

Rusitongo

російська

Potogisi

португальська

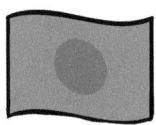

Bengalitongo

бенгальська

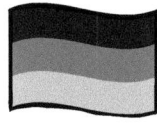

Doisritongo

німецька

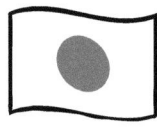

Japantongo

японська

suma / sang / fa
хто / що / як

mi
я

yu
ти

en / en / en
він / вона / воно

unu
ми

yu
ви

den
вони

suma?
хто?

san?
що?

fa?
як?

pe?
де?

oten?
коли?

a nen
ім'я

ре
де

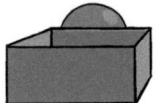

baka

ззаду

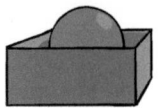

ini

в

fesi

перед

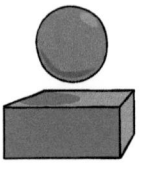

abra

над

tapu

на

ondro

під

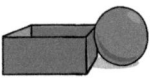

na sei

біля

mindri

між

presi

місце